This Budgie Care Journa[l]

Belongs to

and my Budgie

About My Budgie

Name: _____

DOB: _____

Colour: _____

Special Markings _____

_____

_____

My Pledge to My Budgie

I promise to

- give my budgie fresh food and water every day
- clean my budgie's food bowl every day
- change my budgie's cage lining when it is dirty
- play with my budgie every day and let it free fly
- Change my budgie's toys to stop boredom
- clean my budgie's cage every week
- check my budgie's health
- take my budgie to the vet when it is unwell
- love and care for my budgie

Week Starting _____

Daily Tasks	Mon	Tue	Wed	Thu	Fri	Sat	Sun	
Clean Water						✓		
Fresh Food								
Clean Bowls						✓		
Flying Time								

Health Check

	Mon	Tue	Wed	Thu	Fri	Sat	Sun	
Eyes								
Beak								
Feathers								
Nails								

Weekly Checklist

Clean Cage ✓

Change Toys ☐

Weight　　　　　　　**Size**

Food Eaten
Seed and millet

Vitamins Given
seed

Week Starting _____

Daily Tasks	Mon	Tue	Wed	Thu	Fri	Sat	Sun	
Clean Water								
Fresh Food								
Clean Bowls								
Flying Time								
Health Check								
Eyes								
Beak								
Feathers								
Nails								

Weekly Checklist

Clean Cage ☐   **Change Toys** ☐

Weight _____   **Size** _____

Food Eaten

Vitamins Given

Week Starting _____

Daily Tasks	Mon	Tue	Wed	Thu	Fri	Sat	Sun	
Clean Water								
Fresh Food								
Clean Bowls								
Flying Time								
Health Check								
Eyes								
Beak								
Feathers								
Nails								

Weekly Checklist

Clean Cage ☐ **Change Toys** ☐

Weight _____ **Size** _____

Food Eaten

Vitamins Given

Week Starting _____

Daily Tasks	Mon	Tue	Wed	Thu	Fri	Sat	Sun	
Clean Water								
Fresh Food								
Clean Bowls								
Flying Time								
Health Check								
Eyes								
Beak								
Feathers								
Nails								

Weekly Checklist

Clean Cage ☐   **Change Toys** ☐

Weight _____   **Size** _____

Food Eaten

Vitamins Given

Week Starting _____

Daily Tasks	Mon	Tue	Wed	Thu	Fri	Sat	Sun	
Clean Water								
Fresh Food								
Clean Bowls								
Flying Time								

Health Check								
Eyes								
Beak								
Feathers								
Nails								

Weekly Checklist

Clean Cage ☐

Change Toys ☐

Weight _____

Size _____

Food Eaten

Vitamins Given

Week Starting _____

Daily Tasks	Mon	Tue	Wed	Thu	Fri	Sat	Sun	
Clean Water								
Fresh Food								
Clean Bowls								
Flying Time								
Health Check								
Eyes								
Beak								
Feathers								
Nails								

Weekly Checklist

Clean Cage ☐

Change Toys ☐

Weight _____ **Size** _____

Food Eaten

Vitamins Given

Week Starting _____

Daily Tasks	Mon	Tue	Wed	Thu	Fri	Sat	Sun	
Clean Water								
Fresh Food								
Clean Bowls								
Flying Time								
Health Check								
Eyes								
Beak								
Feathers								
Nails								

Weekly Checklist

Clean Cage ☐

Change Toys ☐

Weight _____

Size _____

Food Eaten

Vitamins Given

Week Starting _____

Daily Tasks	Mon	Tue	Wed	Thu	Fri	Sat	Sun	
Clean Water								
Fresh Food								
Clean Bowls								
Flying Time								
Health Check								
Eyes								
Beak								
Feathers								
Nails								

Weekly Checklist

Clean Cage ☐   **Change Toys** ☐

Weight _____   **Size** _____

Food Eaten

Vitamins Given

Week Starting _____

Daily Tasks	Mon	Tue	Wed	Thu	Fri	Sat	Sun	
Clean Water								
Fresh Food								
Clean Bowls								
Flying Time								

Health Check

	Mon	Tue	Wed	Thu	Fri	Sat	Sun	
Eyes								
Beak								
Feathers								
Nails								

Weekly Checklist

Clean Cage ☐   **Change Toys** ☐

Weight _____   **Size** _____

Food Eaten

Vitamins Given

Week Starting _____

Daily Tasks	Mon	Tue	Wed	Thu	Fri	Sat	Sun	
Clean Water								
Fresh Food								
Clean Bowls								
Flying Time								

Health Check

	Mon	Tue	Wed	Thu	Fri	Sat	Sun	
Eyes								
Beak								
Feathers								
Nails								

Weekly Checklist

Clean Cage ☐   **Change Toys** ☐

Weight _____   **Size** _____

Food Eaten

Vitamins Given

Week Starting _____

Daily Tasks	Mon	Tue	Wed	Thu	Fri	Sat	Sun	
Clean Water								
Fresh Food								
Clean Bowls								
Flying Time								

Health Check

	Mon	Tue	Wed	Thu	Fri	Sat	Sun	
Eyes								
Beak								
Feathers								
Nails								

Weekly Checklist

Clean Cage ☐

Change Toys ☐

Weight _____   **Size** _____

Food Eaten

Vitamins Given

Week Starting _____

Daily Tasks	Mon	Tue	Wed	Thu	Fri	Sat	Sun	
Clean Water								
Fresh Food								
Clean Bowls								
Flying Time								

Health Check

	Mon	Tue	Wed	Thu	Fri	Sat	Sun	
Eyes								
Beak								
Feathers								
Nails								

Weekly Checklist

Clean Cage ☐   **Change Toys** ☐

Weight _____   **Size** _____

Food Eaten

Vitamins Given

Week Starting _____

Daily Tasks	Mon	Tue	Wed	Thu	Fri	Sat	Sun	
Clean Water								
Fresh Food								
Clean Bowls								
Flying Time								
Health Check								
Eyes								
Beak								
Feathers								
Nails								

Weekly Checklist

Clean Cage ☐

Change Toys ☐

Weight _____

Size _____

Food Eaten

Vitamins Given

Week Starting _____

Daily Tasks	Mon	Tue	Wed	Thu	Fri	Sat	Sun	
Clean Water								
Fresh Food								
Clean Bowls								
Flying Time								
Health Check								
Eyes								
Beak								
Feathers								
Nails								

Weekly Checklist

Clean Cage ☐　　　**Change Toys** ☐

Weight _____　　　**Size** _____

Food Eaten

Vitamins Given

Week Starting _____

Daily Tasks	Mon	Tue	Wed	Thu	Fri	Sat	Sun	
Clean Water								
Fresh Food								
Clean Bowls								
Flying Time								
Health Check								
Eyes								
Beak								
Feathers								
Nails								

Weekly Checklist

Clean Cage ☐   **Change Toys** ☐

Weight _____   **Size** _____

Food Eaten

Vitamins Given

Week Starting _____

Daily Tasks	Mon	Tue	Wed	Thu	Fri	Sat	Sun	
Clean Water								
Fresh Food								
Clean Bowls								
Flying Time								
Health Check								
Eyes								
Beak								
Feathers								
Nails								

Weekly Checklist

Clean Cage ☐　　　**Change Toys** ☐

Weight _____　　**Size** _____

Food Eaten

Vitamins Given

Week Starting _____

Daily Tasks	Mon	Tue	Wed	Thu	Fri	Sat	Sun	
Clean Water								
Fresh Food								
Clean Bowls								
Flying Time								
Health Check								
Eyes								
Beak								
Feathers								
Nails								

Weekly Checklist

Clean Cage ☐

Change Toys ☐

Weight _____

Size _____

Food Eaten

Vitamins Given

Week Starting _____

Daily Tasks	Mon	Tue	Wed	Thu	Fri	Sat	Sun	
Clean Water								
Fresh Food								
Clean Bowls								
Flying Time								
Health Check								
Eyes								
Beak								
Feathers								
Nails								

Weekly Checklist

Clean Cage ☐

Change Toys ☐

Weight _____

Size _____

Food Eaten

Vitamins Given

Week Starting _____

Daily Tasks	Mon	Tue	Wed	Thu	Fri	Sat	Sun	
Clean Water								
Fresh Food								
Clean Bowls								
Flying Time								
Health Check								
Eyes								
Beak								
Feathers								
Nails								

Weekly Checklist

Clean Cage ☐   **Change Toys** ☐

Weight [ ]   **Size** [ ]

Food Eaten

Vitamins Given

Week Starting _____

Daily Tasks	Mon	Tue	Wed	Thu	Fri	Sat	Sun	
Clean Water								
Fresh Food								
Clean Bowls								
Flying Time								

Health Check

	Mon	Tue	Wed	Thu	Fri	Sat	Sun	
Eyes								
Beak								
Feathers								
Nails								

Weekly Checklist

Clean Cage ☐

Change Toys ☐

Weight: _____

Size: _____

Food Eaten

Vitamins Given

Week Starting _____

Daily Tasks	Mon	Tue	Wed	Thu	Fri	Sat	Sun	
Clean Water								
Fresh Food								
Clean Bowls								
Flying Time								

Health Check

	Mon	Tue	Wed	Thu	Fri	Sat	Sun	
Eyes								
Beak								
Feathers								
Nails								

Weekly Checklist

Clean Cage ☐

Change Toys ☐

Weight _____

Size _____

Food Eaten

Vitamins Given

Week Starting _____

Daily Tasks	Mon	Tue	Wed	Thu	Fri	Sat	Sun	
Clean Water								
Fresh Food								
Clean Bowls								
Flying Time								
Health Check								
Eyes								
Beak								
Feathers								
Nails								

Weekly Checklist

Clean Cage ☐   **Change Toys** ☐

Weight _____   **Size** _____

Food Eaten

Vitamins Given

Week Starting _____

Daily Tasks	Mon	Tue	Wed	Thu	Fri	Sat	Sun	
Clean Water								
Fresh Food								
Clean Bowls								
Flying Time								
Health Check								
Eyes								
Beak								
Feathers								
Nails								

Weekly Checklist

Clean Cage ☐   **Change Toys** ☐

Weight _____   **Size** _____

Food Eaten

Vitamins Given

Week Starting _____

Daily Tasks	Mon	Tue	Wed	Thu	Fri	Sat	Sun	
Clean Water								
Fresh Food								
Clean Bowls								
Flying Time								
Health Check								
Eyes								
Beak								
Feathers								
Nails								

Weekly Checklist

Clean Cage ☐   **Change Toys** ☐

Weight [   ]   **Size** [   ]

Food Eaten

Vitamins Given

Week Starting _____

Daily Tasks	Mon	Tue	Wed	Thu	Fri	Sat	Sun	
Clean Water								
Fresh Food								
Clean Bowls								
Flying Time								
Health Check								
Eyes								
Beak								
Feathers								
Nails								

Weekly Checklist

Clean Cage ☐

Change Toys ☐

Weight _____ **Size** _____

Food Eaten

Vitamins Given

Week Starting _____

Daily Tasks	Mon	Tue	Wed	Thu	Fri	Sat	Sun	
Clean Water								
Fresh Food								
Clean Bowls								
Flying Time								
Health Check								
Eyes								
Beak								
Feathers								
Nails								

Weekly Checklist

Clean Cage ☐　　**Change Toys** ☐

Weight _____　　**Size** _____

Food Eaten

Vitamins Given

Week Starting _____

Daily Tasks	Mon	Tue	Wed	Thu	Fri	Sat	Sun	
Clean Water								
Fresh Food								
Clean Bowls								
Flying Time								
Health Check								
Eyes								
Beak								
Feathers								
Nails								

Weekly Checklist

Clean Cage ☐   **Change Toys** ☐

Weight _____   **Size** _____

Food Eaten

Vitamins Given

Week Starting _____

Daily Tasks	Mon	Tue	Wed	Thu	Fri	Sat	Sun	
Clean Water								
Fresh Food								
Clean Bowls								
Flying Time								
Health Check								
Eyes								
Beak								
Feathers								
Nails								

Weekly Checklist

Clean Cage ☐   **Change Toys** ☐

Weight _____   **Size** _____

Food Eaten

Vitamins Given

Week Starting _____

Daily Tasks	Mon	Tue	Wed	Thu	Fri	Sat	Sun	
Clean Water								
Fresh Food								
Clean Bowls								
Flying Time								

Health Check

	Mon	Tue	Wed	Thu	Fri	Sat	Sun	
Eyes								
Beak								
Feathers								
Nails								

Weekly Checklist

Clean Cage ☐   **Change Toys** ☐

Weight _____   **Size** _____

Food Eaten

Vitamins Given

Week Starting _____

Daily Tasks	Mon	Tue	Wed	Thu	Fri	Sat	Sun	
Clean Water								
Fresh Food								
Clean Bowls								
Flying Time								

Health Check

	Mon	Tue	Wed	Thu	Fri	Sat	Sun	
Eyes								
Beak								
Feathers								
Nails								

Weekly Checklist

Clean Cage ☐   **Change Toys** ☐

Weight _____   **Size** _____

Food Eaten

Vitamins Given

Week Starting _____

Daily Tasks	Mon	Tue	Wed	Thu	Fri	Sat	Sun	
Clean Water								
Fresh Food								
Clean Bowls								
Flying Time								
Health Check								
Eyes								
Beak								
Feathers								
Nails								

Weekly Checklist

Clean Cage ☐   **Change Toys** ☐

Weight _____   **Size** _____

Food Eaten

Vitamins Given

Week Starting _____

Daily Tasks	Mon	Tue	Wed	Thu	Fri	Sat	Sun	
Clean Water								
Fresh Food								
Clean Bowls								
Flying Time								
Health Check								
Eyes								
Beak								
Feathers								
Nails								

Weekly Checklist

Clean Cage ☐　　　**Change Toys** ☐

Weight _____　　　**Size** _____

Food Eaten

Vitamins Given

Week Starting _____

Daily Tasks	Mon	Tue	Wed	Thu	Fri	Sat	Sun	
Clean Water								
Fresh Food								
Clean Bowls								
Flying Time								
Health Check								
Eyes								
Beak								
Feathers								
Nails								

Weekly Checklist

Clean Cage ☐   Change Toys ☐

Weight _____   Size _____

Food Eaten

Vitamins Given

Week Starting _____

Daily Tasks	Mon	Tue	Wed	Thu	Fri	Sat	Sun	
Clean Water								
Fresh Food								
Clean Bowls								
Flying Time								
Health Check								
Eyes								
Beak								
Feathers								
Nails								

Weekly Checklist

Clean Cage ☐

Change Toys ☐

Weight _____

Size _____

Food Eaten

Vitamins Given

Week Starting _____

Daily Tasks	Mon	Tue	Wed	Thu	Fri	Sat	Sun	
Clean Water								
Fresh Food								
Clean Bowls								
Flying Time								

Health Check

	Mon	Tue	Wed	Thu	Fri	Sat	Sun	
Eyes								
Beak								
Feathers								
Nails								

Weekly Checklist

Clean Cage ☐ **Change Toys** ☐

Weight _____ **Size** _____

Food Eaten

Vitamins Given

Week Starting _____

Daily Tasks	Mon	Tue	Wed	Thu	Fri	Sat	Sun	
Clean Water								
Fresh Food								
Clean Bowls								
Flying Time								
Health Check								
Eyes								
Beak								
Feathers								
Nails								

Weekly Checklist

Clean Cage ☐

Change Toys ☐

Weight _____

Size _____

Food Eaten

Vitamins Given

Week Starting _____

Daily Tasks	Mon	Tue	Wed	Thu	Fri	Sat	Sun	
Clean Water								
Fresh Food								
Clean Bowls								
Flying Time								
Health Check								
Eyes								
Beak								
Feathers								
Nails								

Weekly Checklist

Clean Cage ☐ **Change Toys** ☐

Weight _____ **Size** _____

Food Eaten

Vitamins Given

Week Starting _____

Daily Tasks	Mon	Tue	Wed	Thu	Fri	Sat	Sun	
Clean Water								
Fresh Food								
Clean Bowls								
Flying Time								

Health Check

	Mon	Tue	Wed	Thu	Fri	Sat	Sun	
Eyes								
Beak								
Feathers								
Nails								

Weekly Checklist

Clean Cage ☐   **Change Toys** ☐

Weight _____   **Size** _____

Food Eaten

Vitamins Given

Week Starting _____

Daily Tasks	Mon	Tue	Wed	Thu	Fri	Sat	Sun	
Clean Water								
Fresh Food								
Clean Bowls								
Flying Time								
Health Check								
Eyes								
Beak								
Feathers								
Nails								

Weekly Checklist

Clean Cage ☐

Change Toys ☐

Weight _____

Size _____

Food Eaten

Vitamins Given

Week Starting _____

Daily Tasks	Mon	Tue	Wed	Thu	Fri	Sat	Sun	
Clean Water								
Fresh Food								
Clean Bowls								
Flying Time								
Health Check								
Eyes								
Beak								
Feathers								
Nails								

Weekly Checklist

Clean Cage ☐   **Change Toys** ☐

Weight _____   **Size** _____

Food Eaten

Vitamins Given

Week Starting _____

Daily Tasks	Mon	Tue	Wed	Thu	Fri	Sat	Sun	
Clean Water								
Fresh Food								
Clean Bowls								
Flying Time								

Health Check

	Mon	Tue	Wed	Thu	Fri	Sat	Sun	
Eyes								
Beak								
Feathers								
Nails								

Weekly Checklist

Clean Cage ☐

Change Toys ☐

Weight _____

Size _____

Food Eaten

Vitamins Given

Week Starting _____

Daily Tasks	Mon	Tue	Wed	Thu	Fri	Sat	Sun	
Clean Water								
Fresh Food								
Clean Bowls								
Flying Time								
Health Check								
Eyes								
Beak								
Feathers								
Nails								

Weekly Checklist

Clean Cage ☐

Change Toys ☐

Weight _____

Size _____

Food Eaten

Vitamins Given

Week Starting _____

Daily Tasks	Mon	Tue	Wed	Thu	Fri	Sat	Sun	
Clean Water								
Fresh Food								
Clean Bowls								
Flying Time								

Health Check

	Mon	Tue	Wed	Thu	Fri	Sat	Sun	
Eyes								
Beak								
Feathers								
Nails								

Weekly Checklist

Clean Cage ☐　　　**Change Toys** ☐

Weight _____　　　**Size** _____

Food Eaten

Vitamins Given

Week Starting _____

Daily Tasks	Mon	Tue	Wed	Thu	Fri	Sat	Sun	
Clean Water								
Fresh Food								
Clean Bowls								
Flying Time								

Health Check

	Mon	Tue	Wed	Thu	Fri	Sat	Sun	
Eyes								
Beak								
Feathers								
Nails								

Weekly Checklist

Clean Cage ☐   **Change Toys** ☐

Weight _____   **Size** _____

Food Eaten

Vitamins Given

Week Starting _____

Daily Tasks	Mon	Tue	Wed	Thu	Fri	Sat	Sun	
Clean Water								
Fresh Food								
Clean Bowls								
Flying Time								
Health Check								
Eyes								
Beak								
Feathers								
Nails								

Weekly Checklist

Clean Cage ☐

Change Toys ☐

Weight _____

Size _____

Food Eaten

Vitamins Given

Week Starting _____

Daily Tasks	Mon	Tue	Wed	Thu	Fri	Sat	Sun	
Clean Water								
Fresh Food								
Clean Bowls								
Flying Time								

Health Check

	Mon	Tue	Wed	Thu	Fri	Sat	Sun	
Eyes								
Beak								
Feathers								
Nails								

Weekly Checklist

Clean Cage ☐

Change Toys ☐

Weight _____

Size _____

Food Eaten

Vitamins Given

Week Starting _____

Daily Tasks	Mon	Tue	Wed	Thu	Fri	Sat	Sun	
Clean Water								
Fresh Food								
Clean Bowls								
Flying Time								
Health Check								
Eyes								
Beak								
Feathers								
Nails								

Weekly Checklist

Clean Cage ☐

Change Toys ☐

Weight _____

Size _____

Food Eaten

Vitamins Given

Week Starting _____

Daily Tasks	Mon	Tue	Wed	Thu	Fri	Sat	Sun	
Clean Water								
Fresh Food								
Clean Bowls								
Flying Time								
Health Check								
Eyes								
Beak								
Feathers								
Nails								

Weekly Checklist

Clean Cage ☐

Change Toys ☐

Weight _____

Size _____

Food Eaten

Vitamins Given

Week Starting _____

Daily Tasks	Mon	Tue	Wed	Thu	Fri	Sat	Sun	
Clean Water								
Fresh Food								
Clean Bowls								
Flying Time								
Health Check								
Eyes								
Beak								
Feathers								
Nails								

Weekly Checklist

Clean Cage ☐   **Change Toys** ☐

Weight _____   **Size** _____

Food Eaten

Vitamins Given

Week Starting _____

Daily Tasks	Mon	Tue	Wed	Thu	Fri	Sat	Sun	
Clean Water								
Fresh Food								
Clean Bowls								
Flying Time								
Health Check								
Eyes								
Beak								
Feathers								
Nails								

Weekly Checklist

Clean Cage ☐

Change Toys ☐

Weight _____

Size _____

Food Eaten

Vitamins Given

Week Starting _____

Daily Tasks	Mon	Tue	Wed	Thu	Fri	Sat	Sun	
Clean Water								
Fresh Food								
Clean Bowls								
Flying Time								
Health Check								
Eyes								
Beak								
Feathers								
Nails								

Weekly Checklist

Clean Cage ☐   **Change Toys** ☐

Weight _____   **Size** _____

Food Eaten

Vitamins Given

Week Starting _____

Daily Tasks	Mon	Tue	Wed	Thu	Fri	Sat	Sun	
Clean Water								
Fresh Food								
Clean Bowls								
Flying Time								
Health Check								
Eyes								
Beak								
Feathers								
Nails								

Weekly Checklist

Clean Cage ☐

Change Toys ☐

Weight _____

Size _____

Food Eaten

Vitamins Given

Important Information

Vet Name _____

Vet Number _____

Things I must not feed my budgie:

- Avocado skin and pit
- Chocolate
- Fruit seeds
- Fruit pips
- Uncooked beans
- mushrooms
- Tomato leaves
- Rhubarb
- Dairy products
- Onion
- Garlic
- Sugary food

Notes:

© South Crater Ltd

Printed in Great Britain
by Amazon